YO

OSCAR BRENIFIER

ILUSTRADO POR
SATOSHI KITAMURA

castillo
A Macmillan Education
Company

DIENTE
DE LEÓN

¿GRANDE O PEQUEÑO?

¡Qué silla tan grande!

Y ésta, ¡qué chiquita!

Y yo, ¿soy grande o soy pequeño?

¿SOY YO
O NO SOY YO?

¡Éste soy yo!

¿Soy yo
o no soy yo?

¿SOY BUENO O MALO?

¿Soy bueno?

¿Soy malo?

¿Soy bueno o malo?

¿SOY ESPECIAL O NO?

¿No soy especial?

¿Soy especial o no?

¿CONTENTO
O TRISTE?

¡Guau!

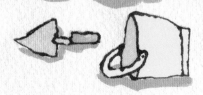

¿Contento o triste?

Para reflexionar

¿GRANDE O PEQUEÑO?

Ser grande, pequeño, demasiado grande o demasiado pequeño es un tema recurrente en la vida de un niño. Ya sea porque se lo diga la gente a su alrededor (otros niños o ciertos adultos) o porque él mismo experimente esta situación en relación con diferentes objetos y circunstancias, hay una comparación constante que pesa sobre la identidad del niño.

Después de leer esta situación en el libro, podemos invitar al niño a reflexionar sobre su propia experiencia de "ser pequeño" o "ser grande", discutiendo la realidad objetiva en dicha vivencia y llevándolo a expresar las emociones que le surjan.

¿Eres pequeño o grande?
¿Qué es mejor, ser pequeño o grande?
¿Cómo puedes saber si eres pequeño o grande?

¿SOY YO O NO SOY YO?

¿Quiénes somos? ¿Cuál es nuestra identidad? Por un lado, un niño tiene la impresión de ser alguien específico, con una identidad definida. Por otro lado, está creciendo: fue otro y será diferente. Esto lo nota por los cambios en su vida y por la manera en que los adultos se relacionan con él.

Después de leer esta situación, podemos invitar al niño a reflexionar sobre sus cambios y su identidad para hacerlo consciente de que la vida es un proceso, que no existe un yo fijo, sino que creamos nuestra identidad a lo largo del tiempo.

¿Sabes quién eres?
¿Te gustaría ser diferente?
¿Cambias todo el tiempo?

¿SOY BUENO O MALO?

La moral es un tema importante en la educación de un niño. Le pedimos ser "bueno" y lo regañamos cuando es "malo". Así, desde temprana edad, el niño introyecta el principio de juzgar las acciones y a las personas con estos criterios éticos. Dichos principios también los aplica a sí mismo, oscilando entre la idea de ser "bueno" o "malo".

Después de leer esta situación, podemos invitar al niño a reflexionar sobre la moral, tanto desde el punto de vista del sentimiento moral como desde la razón moral. Se pueden examinar diferentes situaciones y discutirlas para llegar a un juicio moral más claro y consciente.

¿Eres una persona buena o mala?
¿Debes ser castigado cada vez que haces algo malo?
¿Es posible hacer sólo cosas buenas?

¿SOY ESPECIAL O NO?

Todos queremos ser especiales para ser valorados. Cuando un niño es muy pequeño duda de su identidad y su valor. ¿Soy diferente o soy como todos? Ser especial implica tener un valor agregado, lo cual parece mejor que ser común y corriente. Por eso muchos niños tratan de llamar la atención de los adultos de diferentes maneras y, así, confirmar su "individualidad".

Después de leer esta situación, podemos invitar al niño a examinar qué lo hace especial y, a la vez, en qué se parece a los demás niños. Esta discusión afirmará al niño sin tratar de convencerlo de que es extraordinario, ya que el hecho de sólo exaltarlo podría angustiarlo más adelante.

¿Piensas que cada persona es especial?
¿Quieres ser especial?
¿Tus amigos son menos especiales que tú?

¿CONTENTO O TRISTE?

La vida está llena de sorpresas. Muchas situaciones son bastante impredecibles, algunas veces de manera agradable, pero otras no. Podemos sentirnos frustrados al no tener control de nuestra vida, por lo que solemos preferir la rutina y la estabilidad. Pero tenemos que aprender a adaptarnos a los cambios, y a disfrutar la vida como es, con todos sus retos.

Después de leer esta situación, podemos invitar al niño a reflexionar sobre su vida cotidiana, y a discutir con él diferentes situaciones que a primera vista pudieran parecer desagradables, pero que, sin embargo, constituyen la oportunidad de aprender algo nuevo.

¿Qué te hace feliz?
¿Por qué a veces te has sentido triste?
¿Es posible estar feliz todo el tiempo?